# LES
# VIERGES DU SOLEIL,

## PANTOMIME HÉROIQUE

## EN TROIS ACTES,

MÊLÉE DE DIALOGUE, DANSE, MARCHES ET MUSIQUE.

Représentée, pour la première fois, à Paris, sur le théâtre de
la Cité, le 9 thermidor an IX.

## DU C. RIBIÉ.

MUSIQUE DU C.

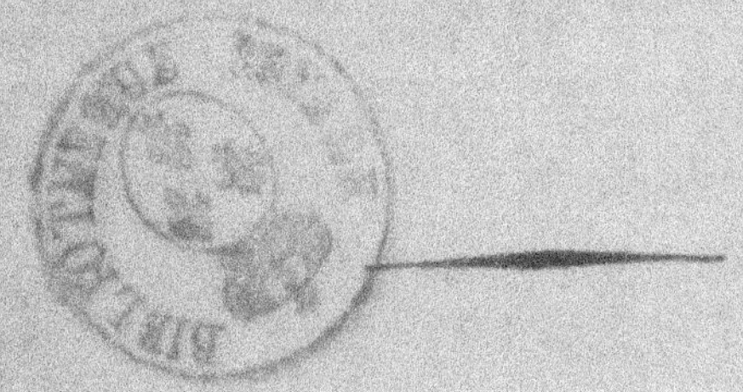

## A PARIS.

## SE VEND AU THÉATRE.

AN IX. — 1801.

| PERSONNAGES. | ACTEURS. |
| --- | --- |

ATALIBA, fils de Zulma, et roi de Quito, DEFRÊNE.
ALONZO, espagnol, alié et ami d'Ataliba, PÉRIN.
HUASCARD, fils d'Accello, roi de Cusco, POMPÉE.
LE GRAND PRÊTRE, GENEST.
LE PÈRE DE CORA, habitant de Quito, VERSEUIL.
CORA, prêtresse du soleil, Mad. RIBIÉ.
UN OFFICIER d'Huascard, MARKY.

## PERSONNAGES MUETS.

OFFICIERS à la suite d'Huascard.
GARDES d'Ataliba et d'Huascard.
QUATRE NÈGRES.
LA MÈRE, LES FRÈRES ET SŒURS de Cora.
PRÊTRES ET PRÊTRESSES DU SOLEIL.
TROUPE DE DANSEURS ET DANSEUSES.

*La scène se passe au Pérou.*

# LES VIERGES DU SOLEIL,

## PANTOMIME HÉROIQUE.

## ACTE PREMIER.

*Le théâtre représente des jardins délicieux ; la nature et l'art se sont disputés pour les embellir; les productions communes en Amérique, les cocos, le palmier, les orangers, jètent de l'ombrage et de la fraîcheur dans ce climat brûlant ; ils avoisinent le palais d'Ataliba, et font partie des jardins sacrés des prêtresses du soleil.*

## SCENE PREMIERE.

### ATALIBA, ALONZO.

#### ALONZO.

Yuca, quelques légers services que mon zèle a pu te rendre m'ont donné ta confiance et le titre de ton ami ; je suis espagnol, et j'ai fui mes compatriotes pour ne point partager leurs crimes. Tu parais triste, inquiet : qu'as-tu ? Je te suis dévoué pour toujours ; tu le sais, mon sang, ma vie, tout est à toi ; dispose, ordonne. Si tu as quelques ennemis à vaincre, je cours te venger.

ATALIBA.

Mon ami, tu me soulages. En interrogeant ma tristesse, je n'osais t'affliger ; cependant, j'ai besoin qu'un ami partage mes inquiétudes. Ecoute : il s'agit de mes droits à la province que je gouverne, et dont l'ynca de Cusco, mon frère, s'obstine à vouloir me chasser. Son armée, tu le sais, est campée près des murs de la ville ; j'aurais besoin près de lui d'un ministre éclairé et d'un médiateur habile ; j'ai jeté les yeux sur toi : veux-tu l'être ?

ALONZO.

Oui, si ta cause est juste.

ATALIBA.

Elle est juste, et tu vas toi-même en juger. Tu sais, mon ami, quel est notre culte. Celui qui, dont les rayons animent la nature, nous prêta sa lumière pour faire d'un peuple farouche et barbare que nous étions une nation douce, humaine et respectable, ce soleil divin vit nos égaremens ; il en eut pitié. Il n'est pas étonnant, dit-il, que des insensés soient méchans : au lieu de les punir de ce qu'ils s'égarent dans les ténèbres, envoyons-leur la vérité ; ils marcheront à sa lumière ; il ne m'est pas plus difficile d'éclairer leur intelligence que leurs yeux.

ALONZO.

Oui, je sais que le sage Manco, enfant du soleil, fut le fondateur de votre empire, et que vous fûtes étonné de vous trouver si près des richesses immenses dont vous ne connaissiez pas encore l'usage.

ATALIBA.

Il est vrai : mon père fut le onzième chef de cet empire : ses vertus lui donnèrent le cœur de ses sujets, et sa valeur étendit ses conquêtes. Après avoir soumis cette vaste et riche province, il crut que le moment du partage était arrivé : il avait épousé deux femmes ; l'une se nommait Acello, l'autre Zulma. Huascard est l'aîné des enfans d'Acello ; il gouverne Cusco, la ville du soleil et l'empire de nos ancêtres : je suis le premier des enfans de Zulma, et la province de Quito, fruit des exploits de mon père, est l'héritage qu'en mourant il a bien voulu me laisser.

ALONZO.

Il fit sagement : il ne pouvait mieux disposer d'un bien qu'il tenait de lui-même, et qu'il ne devait qu'à sa valeur.

ATALIBA.

C'est ce qui cause entre mon frère et moi des débats qui deviendront sanglans s'il me force à prendre les armes. Il exige de moi que j'abandonne mon gouvernement, et que je me range sous ses lois : j'aime mon frère, il m'est affreux de voir sa haine me poursuivre ; mais cet empire, c'est de mon père que je le tiens ; est-ce à moi de laisser flétrir sa mémoire ? Il n'est rien qu'à titre d'égal, ou d'allié et d'ami Huascard n'obtienne de moi : veut-il étendre ses conquêtes ? je le seconderai. Lui reste-t-il encore dans les vallées de Nesca et de Pisco quelques rebelles à dompter ; je l'aiderai à les soumettre ; ses ennemis seront les miens. Mais demander ma honte, et vouloir avilir son propre sang ! Va le trouver dans son camp, et dis-lui que jamais je n'abandonnerai mes droits, et que, s'il prétend me ravir mon héritage, il faudra m'en arracher sanglant.

ALONZO.

Brave ynca ! que je loue cette vertu magnanime ! l'humanité réside dans ton cœur, et la vérité sur tes lèvres. Je lui peindrai ta candeur, ta droiture, enfin ce charme si touchant qui me pénètre d'admiration pour toi, et qui le fléchiront

peut-être. S'il résiste , si son cœur est inaccessible à tant
de vertus , dispose de moi : avec la même ardeur que j'implorerai la paix , je repousserai la guerre , et quelque soit le
sort des armes , permets à ton ami de vaincre ou de mourir
à tes côtés.

ATALIBA.

Tu me vois pénétré d'un trait si généreux. Demain sera
le jour où j'espère te devoir le repos de mon empire : reste
auprès de moi jusqu'à ce tems, et sois témoin du culte que
nous rendons au soleil ; tu jouiras aussi du plaisir de voir les
deux sexes s'unir par des nœuds indissolubles ; les vierges du
soleil vont se rendre en ces lieux avec le grand prêtre pour
la célébration.

# SCENE III.

( Musique. ) *( Marche des prêtres , prêtresses et peuple. On
dresse un trône de fleurs ; les troupes d'Ataliba garnissent
les deux côtés du théâtre. Ataliba et Alonzo se placent
sur la gauche des spectateurs ; le peuple remplit le fond.
Marches des prêtres et prêtresses , de jeunes filles et
jeunes garçons portant des vases , des fleurs , des of-
frandes et des présens consacrés au soleil. Les prêtres
se réunissent au cintre, et environnent l'autel sur lequel
le feu brûle. Hommage rendu au soleil par ses enfans. De
jeunes enfans sont chargés de présenter l'encens au dieu
du jour ; leurs mains pures sont seules dignes de s'élever
vers l'être qui anime et vivifie la nature. Cérémonies
péruviennes ; mystères et imitation du culte du soleil. )*

LE GRAND PRÊTRE.

Ame de l'univers , toi , qui , du haut des cieux , ne cesses
de verser au sein de la nature dans un océan de lumières

la chaleur de la vie et la fécondité , soleil divin , reçois les
vœux de tes enfans et d'un peuple heureux qui t'adore.

CORA.

O délices du monde ! ( *Inclination des prêtresses.* ) Heu-
reuses les épouses qui forment ta céleste cour ! que ton ré-
veil est beau ! quel magnificence dans l'appareil de ton lever !
quel charme répand ta présence ! les compagnes de ton sommeil
soulèvent les rideaux de pourpre du pavillon où tu reposes ,
et tes premiers regards dissipent l'immense obscurité des
cieux. Ah ! quel dut être la joie de la nature lorsque tu l'é-
clairas pour la première fois ! elle s'en souvient , et jamais
elle ne te revoit sans ce tressaillement qu'éprouve une fille
tendre au retour d'un père adoré , dont l'absence la fait lan-
guir.

( Musique. ) *( Un jeune enfant se prosterne devant le grand*
*prêtre du soleil ; il lui présente une couronne blanche.*
*Le grand prêtre la reçoit des mains de l'innocence, et*
*va la placer sur la tête de la vertu. Cora en fait*
*hommage à Ataliba , qui la reçoit avec un respect re-*
*ligieux ; en la lui présentant , ses yeux se tournent vers*
*Alonzo : l'amour s'empare de ses sens : elle reste im-*
*mobile, et les yeux attachés sur son vainqueur qui , de*
*son côté , éprouve les mêmes sentimens. )*

ATALIBA.

Enfans de l'état , c'est à présent qu'il attend de vous le
prix de votre naissance : tout homme qui regarde la vie
comme un bien est obligé de la transmettre et d'en mul-
tiplier le don. S'il en est parmi vous qui regarde comme un
malheur de vivre , qu'il élève la voix , qu'il dise ce qui lui
fait haïr le jour ; c'est à moi d'écouter ses plaintes : mais
si vous jouissez paisiblement des bienfaits du soleil , mon père ,

venez, en vous donnant une foi mutuelle, vous engager à repro-
duire et perpétuer le nombre des heureux.

> ( Musique. ) *( Cérémonies des mariages péruviens. Plusieurs
> jeunes gens présentent les compagnes de leur bonheur ;
> ils sont unis sous la protection du soleil, et en présence
> de ses enfans. )*

*( Les jeux, danses et cérémonies terminent le premier acte. )*

# ACTE SECOND.

*Le théâtre représente l'intérieur du temple des filles du soleil. Elles entrent toutes, rendent hommage à leur dieu, et sortent, excepté Cora.*

## SCENE PREMIERE.

### CORA, *seule.*

O Dieu ! quel est donc ce délire ? Quel trouble ce jeune étranger a mis dans tous mes sens ! Hélas ! cette tranquille retraite, où je voyais couler mes jours dans une paisible langueur, ne me semble plus qu'une prison triste et funeste. Pardon, grand Dieu, si je vous offense ; mais c'est maintenant que je sens tout le poids de ma chaîne. *( Musique. )* Ah ! pourquoi t'ai-je vu, charme unique de ma pensée, si je suis condamnée à ne jamais te revoir ? Quel ravage ta seule vue a causé dans un faible cœur ! que ne peux-tu voir et plaindre ta victime ! Où es-tu ? daignes-tu penser à moi, qui brûle du desir, sans espoir, de te revoir encore ? Je sens qu'un pouvoir invincible m'attire sans cesse vers lui ; oui, mon ame s'élance hors de ces murs pour le chercher. Dieu bienfaisant ! est-ce toi qui te plais à tyranniser, à déchirer un cœur sensible ? Ce cœur n'est point parjure : je ne t'ai rien promis : un pouvoir tyrannique m'a fait prononcer ce malheureux serment. O mon père ! qu'avez-vous fait ? pourquoi me séparer de vous ? pourquoi m'ensevelir vivante ? Hélas ! j'avais pour vous une vénération si tendre ! je vous aurais servi avec tant de zèle et d'amour ! j'aurais été la douce consolation de votre vieillesse ; mais les plaisirs les plus purs me sont interdits pour jamais !

*( Musique annonçant l'arrivée des prêtresses qui viennent chercher Cora. )*

*( Le théâtre change et représente une riche campagne et l'extérieur du temple des prêtresses du soleil. Alonzo paraît triste et livré à la plus profonde douleur. )*

### ALONZO.

C'est sous ces murs sacrés que Cora, cette adorable vierge du soleil, respire, qu'elle gémit, peut-être ! Hélas ! un seul de ses regards a versé dans mon cœur le doux poison de l'espérance ; mais quelle espérance, grand Dieu ! Des vœux indissolubles, un étroit esclavage, une garde incorruptible et vigilante, une austère prison ! Je vois tout, et j'ose encore espérer ; il m'est impossible sans doute de la posséder, mais non pas d'avoir su lui plaire. Si elle m'aimait ! si elle savait que je l'adore ! si nos deux cœurs, d'intelligence, pouvaient du moins s'entendre ! Mais où m'égare un amour insensé ? Chez un peuple doux, humain, dans la cour d'un roi qui m'honore du titre de son ami, violer les droits de l'hospitalité, exposer celle que j'adore à l'opprobre et au châtiment qui suivraient l'oubli de ses vœux ! Occupé des intérêts d'une nation entière, je sacrifierais tout pour un fol amour ! Est-ce là ce projet si beau, si magnanime qui m'avait amené à la cour de l'ynca ? Je m'annonce comme un héros, et je finis par être un perfide ! Non, non ! rejetons cette pensée ; l'amour est un sentiment de plus ; mais qui ne saurait me dégrader, quoique sans espérance. Adorons toujours Cora ; que la probité me rende à moi-même, et me fasse voir l'imprudence et la honte de mes transports. Nourrissons du moins notre mélancolie autour des murs qui renferment ma chère Cora : l'amour, cet ennemi fatal du repos, n'a peut-être pas touché son cœur innocent. Ah ! puisses-tu tou-

jours exister sans le connaître ! et puisque nous sommes con-
damnés à vivre éternellement séparés, du moins que je sois le
seul malheureux !

*( Musique qui annonce l'arrivée des prêtres du soleil qui vont
travailler à la terre. )*

Que vois-je! les prêtres du soleil, chargés d'instrumens né-
cessaires à cultiver la terre, approchent de ces lieux. A quel
dessein ? et quelle est cette cérémonie qui, jusqu'alors, m'é-
tait inconnue ?

*(Musique.) ( Entrée des grands prêtres. )*

---

## SCENE III.
## ALONZO, LE GRAND PRÊTRE
### ET LES PRÊTRES.

#### LE GRAND PRÊTRE,

Espagnol, qui peut attirer tes pas dans ce vallon ?

#### ALONZO.

Je viens admirer les beautés de la nature : mais vous-même,
ministre respectable, embarrassé de ces outils champêtres,
allez-vous remuer la terre ? serait-ce à vous à vaquer à ces durs
travaux ? n'en êtes-vous pas dispensés par votre ministère au-
guste ? n'est-ce pas le profaner que de le dégrader ainsi ?

#### LE GRAND PRÊTRE.

Jeune homme que vois-tu d'avilissant dans l'art de rendre
la terre fertile? Ne sais-tu pas que sans cet art divin les hommes
épars dans les bois seraient encore réduits à disputer la
proie aux animaux sauvages ? Souviens-toi que l'agriculture a
fondé la société, et qu'elle a de ses nobles mains élevé nos
murs et nos temples.

#### ALONZO.

Ces avantages honorent l'inventeur de l'art, mais l'exercice n'en est pas moins humiliant et bas, autant qu'il est pénible : c'est du moins ainsi que l'on pense dans les climats où je suis né.

### LE GRAND PRÊTRE.

Dans vos climats, il doit être honteux de vivre, puisqu'on attache de la honte à travailler pour se nourrir. Ce travail est pénible, sans doute, et c'est pour cela que chacun doit y contribuer, mais il est honorable autant qu'il est utile, et parmi nous rien ne dégrade que le vice et l'oisiveté.

### ALONZO.

Il est étrange, cependant, que des mains qui viennent de présenter aux autels des parfums et les sacrifices prennent l'instant d'après la bêche, et que la terre soit labourée par les enfans du soleil.

### LE GRAND PRÊTRE.

Les enfans du soleil font ce que fait leur père : ne vois-tu pas qu'il est tous les jours occupé à fertiliser nos campagnes ? Tu l'admires dans ses bienfaits, et tu reproches à ses enfans de l'imiter dans leurs travaux !

### ALONZO.

Mais le peuple n'est-il pas obligé de cultiver pour vous les champs qui vous nourrissent ?

### LE GRAND PRÊTRE.

Le peuple est obligé de venir à notre aide ; mais c'est à nous d'être avares de ses sueurs.

### ALONZO.

Vous avez de quoi payer ses peines ; et votre superflu...

### LE GRAND PRÊTRE.
Nous n'en avons jamais.

### ALONZO.
Comment ! ces richesses immenses...

LE GRAND PRÊTRE.

Sont distribuées aux peuples : tel est l'emploi que le soleil veut que l'on fasse de ses biens. C'est lui rendre le culte le plus digne de lui, c'est surtout à ce caractère que l'on reconnait ses enfans. Nos besoins satisfaits, le reste de nos biens n'est plus à nous, c'est l'apanage de l'orphelin et de l'infirme ; le chef du gouvernement en est dépositaire ; c'est à lui d'en disposer, car personne ne doit mieux connaître les besoins du peuple que le père du peuple.

Mais je t'ai vu à sa cour : si tu es vertueux, tu dois être son ami. Félicite-toi, jeune homme, d'une telle alliance, car le ciel jette rarement sur la terre un mortel aussi étonnant. La nature l'a doué d'une résolution, d'une intrépidité à l'épreuve de tous les maux... endurci au travail, à la misère, à la souffrance, il sait manquer de tout, se passer de tout, s'animer contre les périls, se roidir contre les obstacles ; il est grand, noble et populaire ; sévère quand il le faut ; indulgent lorsqu'il peut l'être ; modérant, par la douceur d'un commerce libre et facile, la rigueur de la discipline et le poids de l'autorité ; prodigue de sa propre vie, attachant un grand prix à celle du soldat ; sobre, frugal, généreux et sensible, travaillant sans relâche à la paix de son pays et au bonheur de tous. Voilà le véritable portrait de celui qui nous gouverne. Le modèle est trop rare pour que la copie échappe au paisible citoyen, à l'homme juste et reconnaissant. Suis-moi, et sois témoin du respect que nous mettons dans nos simples travaux.                                   ( *Ils sortent.* )

*( Le théâtre change et représente l'extérieur des jardins con-*
*sacrés aux filles du soleil. Les jeunes époux et le peuple à*
*leur suite, après la cérémonie qui vient de les unir, se*
*livrent aux plaisirs et aux fêtes. Ballet. Le ciel s'obscurcit ;*
*les simples habitans de Quito se sauvent effrayés. Alonzo*

*occupé de son amour et de ses grands intérêts, cherche à s'approcher de celle qu'il aime. L'orage et le tonnerre enflamment le cratère d'un volcan voisin du temple qui s'écroule, et paraît ensevelir sous ses ruines les victimes de la superstition. Alonzo vole au milieu des débris ; il enlève Cora, l'arrache à une mort certaine, et souille ainsi sans le vouloir l'enceinte sacrée. La nature reprend sa fraîcheur et sa beauté. Le théâtre change et représente des jardins du temple que l'orage a épargnés. Alonzo y dépose doucement sa tremblante compagne. )*

### ALONZO.

Cora, un dieu veille sur vous et prend soin de vos jours. O toi que j'adore depuis que je t'ai vue au temple, toi pour qui seul je respire, Cora, ne crains rien, c'est le ciel qui t'envoie un libérateur !

### CORA, *à peine revenue à elle.*

Où vais-je ? la frayeur a troublé mes sens... je ne sais où je suis... je ne sais même qui vous êtes. Que vais-je devenir ? ayez pitié de moi.

### ALONZO.

Vous êtes sous la garde d'un homme qui ne respire que pour vous.

### CORA, *reconnaissant Alonzo.*

C'est lui ! ô ciel !

### ALONZO, *tombant à ses pieds.*

Vous voyez à vos pieds l'amant le plus tendre, mais le plus respectueux : suivez mes pas. Je vous mènerai loin du danger, dans un vallon délicieux, où un cacique de mes amis vous recevra comme sa fille.

### CORA.

Ah ! cachez-moi plutôt à tous les yeux : il y va de ma vie, il y va de bien plus ! vous ignorez la loi terrible que vous me faites violer : me voilà hors de cet asile où je devais vivre cachée ; je suis les pas d'un homme après avoir fait vœux de les fuir à jamais. A quoi m'exposez-vous ! Ah ! plutôt laissez-moi périr.

ALONZO.

Cora, le premier devoir de tout ce qui respire, comme son premier sentiment, c'est le soin de sa propre vie, et dans un moment où la mort vous poursuit et vous environne, il n'est ni vœux ni lois qui doivent s'opposer à ce mouvement invincible. Quand tout sera calme, eh bien ! demain avant l'aurore, vous rentrerez dans ces jardins où vos compagnes effrayées auront passé la nuit, sans doute, et le secret de votre absence ne sera jamais révélé.

CORA.

Ah ! puisses-tu dire vrai ! et pour prix de tes soins et de mon amour... amitié, veuille le ciel qu'il ne nous arrive rien de plus funeste !

ALONZO.

Respire, ma chère Cora ! repose-toi. Laisse-moi dans le calme et le silence d'une nuit qui nous favorise ; laisse le trop heureux Alonzo jouir du bonheur de te voir et d'adorer tant de charmes ! Fille céleste ! est-ce bien toi que je possède ? toi, l'unique objet de mes vœux ! Qui m'eût dit qu'un prodige dont frémit la nature n'épouvanterait la terre que pour nous dérober aux yeux de tes surveillans inhumains ? un dieu, sans doute, a pris pitié de mes peines et de mon amour. Ah ! profitons de sa faveur : nous voilà seuls, libres, et n'ayant pour témoin que la nuit, qui jamais n'a trahi les tendres amans, redouble ma félicité. Ce mot seul peut faire mon bonheur, et je défierai l'univers d'être plus heureux que le tendre Alonzo.

( Musique. ) *( Expression de toute sa passion. )*

#### CORA.

Ah! délicieux séjour! Pourquoi chercher un autre asile? Cette douce clarté, ce gazon, ces feuillages semblent nous dire : Où voulez-vous aller? où serez-vous mieux qu'avec nous? Cher Alonzo! que ne suis-je seule avec toi dans les forêts! dans un antre sauvage! j'y vivrais heureuse.

*( Musique. )*

Mon ami, mon cœur se déchire! le tien va l'être! Mais pardonne; un devoir sacré, un devoir terrible m'enchaîne; il va m'arracher de tes bras : voici le moment d'un éternel adieu!

#### ALONZO.

Que dis-tu?

#### CORA.

Écoute : en me livrant aux autels, mes parens répondirent de ma fidélité; le sang d'un père, d'une mère est garant des vœux que j'ai faits : fugitive et parjure, je les livrerais au supplice, mon crime retomberait sur eux; ils en porteraient la peine : telle est la rigueur de nos lois.

#### ALONZO.

O dieux!

#### CORA.

Tu frémis?

#### ALONZO.

Oh! que n'ai-je connu plutôt l'abyme où je t'entraînais! ta douleur redouble l'horreur où je suis plongé! Que veux-tu? que je te remène? c'est vouloir ma mort. Te retenir? non, non! je ne suis pas un monstre : je ne souffrirai jamais que tu sois parricide. Eloignons-nous de ces lieux que tu trouvais si beaux! viens rentrer dans ce cruel asile qui va renfermer ce que j'ai de plus cher au monde! porte mon cœur à tes autels! laisse-moi le tien : lui seul peut encore me faire chérir l'existence! *( Musique. )*

*( Sortie et adieux d'Alonzo et de Cora. )*

FIN DU SECOND ACTE.

## ACTE TROISIÈME.

*Le théâtre représente le camp d'Huascard.*

## SCENE PREMIERE.

HUASCARD, *environné de ses soldats;* ALONZO, *dans le fond.*

### UN OFFICIER.

Un homme né par delà des mers, et vers les bords où le soleil se lève, un castillan, reçu dans la cour de ton frère, vient te voir, et t'apporter des paroles de paix.

### HUASCARD.

Qu'il s'approche, et qu'il parle.

### ALONZO.

Ynea, c'est un présent du ciel qu'un frère vertueux et tendre; c'est un don du ciel non moins rare qu'un véritable ami : sa faveur t'a donné l'un et l'autre dans l'ynca de Quito ; son ame m'est connue, et mon cœur, qui jamais n'a su mentir, répond du sien. Vous avez besoin l'un de l'autre pour repousser vos ennemis, réunis : vous pouvez être redoutables ; divisés, vous pouvez vous perdre. Ton frère demande ton secours, et t'offre celui de ses armes : tel est l'objet de l'ambassade dont il m'honore auprès de toi.

### HUASCARD.

J'ai bien voulu t'entendre, quoique envoyé par un rebelle ; mais, avant tout, n'es-tu pas toi-même un de ces étrangers nouvellement descendus sur nos bords, et qui, dans les vallées, ont semé l'épouvante ? Tu te dis castillan ; je crois, c'est le nom qu'on leur donne : ils viennent , dit-on , comme toi , des bords de l'orient.

A L O N Z O.

Oui , je suis du nombre de ceux qu'on a vus sur ce rivage : je cherchais la gloire sur leurs pas ; je n'ai vu que le crime , et je les ai abandonnés. J'aime la bonne foi , j'honore la droiture et la grandeur d'ame , et c'est ce qui m'attache à ce généreux frère qui te parle ici par ma voix. Tous les deux nés du même sang, aimez-vous , vivez en paix ; vous serez heureux et puissans.

H U A S C A R D.

S'il se souvient de quel père nous sommes nés , qu'il se rappelle aussi quel rang nous a marqué sa naissance : le soleil n'a donné qu'un maître à cet empire ; le règne de son fils doit être l'image du sien : il n'a point d'égal. Tu dois m'entendre !

A L O N Z O.

Ynca , je veux bien parler ton langage, et supposer ce que tu crois. N'aimes-tu pas assez les hommes, n'estimes-tu pas assez les lois de tes aïeux pour souhaiter que l'univers fût rangé sous ses lois paisibles ?

H U A S C A R D.

Sans doute, je le souhaite ; c'est la volonté du soleil : les tems la verront s'accomplir.

A L O N Z O.

Alors le monde n'aura-t-il qu'un roi comme il n'y a qu'un soleil ? la sagesse d'un seul homme étendra-t-elle ses regards aussi loin que l'astre du jour étend l'éclat de sa lumière ? Tu n'oserais le croire : ose donc avouer que ta vigilance a des bornes ; que ta puissance en doit avoir , et qu'il serait injuste de vouloir envahir ce que l'on ne peut gouverner.

H U A S C A R D.

Etranger ! quel est ton audace de venir me marquer les limites de ma puissance !

**A L O N Z O.**

Ce n'est pas moi, c'est la nature qui les a marquées ; je ne dis que ce qu'elle a fait. Je t'avertis que tu es homme par ta faiblesse, quand tu veux être un dieu par ton ambition.

**H U A S C A R D.**

Je suis homme, mais je suis roi, et mon rang seul t'apprend le respect qui m'est dû.

**A L O N Z O.**

Mes pareils parlent aux rois sans les flatter, et les respectent sans les craindre ; mais commence par être juste et par honorer la mémoire d'un père qui fut chef de cet empire : c'est de sa main que ton frère reçut le sceptre que tu lui disputes, et, en désavouant le don qu'il lui a fait, tu l'insultes dans son tombeau, et tu foules aux pieds sa cendre.

**H U A S C A R D.**

Mon père a vieilli, et dans cet état de défaillance, l'homme est crédule et facile à tromper ; il a cédé aux artifices d'une femme ambitieuse, et, pour le fils de l'étranger, il a déshérité celui que les sages lois de Manco lui avait donné pour successeur.

**A L O N Z O.**

Ton père t'a remis tout ce qu'il avait reçu ; il n'a disposé que de ses conquêtes ; et ton frère, placé par un père expirant, ne croira jamais avoir usurpé ce qu'il tient de l'auteur de ses jours ; il regarde sa volonté comme une loi inviolable ; il faut pour le chasser de ses états l'en arracher sanglant.... Je te répète ses paroles ; c'est à toi de voir si tu veux te baigner dans le sang d'un frère vertueux qui t'aime et qui fait sa gloire et son bonheur d'être ton ami le plus tendre, qui te conjure au nom d'un peuple de ne pas révoquer les dons qu'il lui a faits, qui te conjure, au nom de son peuple et du

sien, de ne pas le forcer à une guerre impie. Dispose de
lui, de ses armes; il ne craint pas la guerre, il a sous ses
drapeaux un peuple fidèle et vaillant; il a autour de lui de
véritables amis, tous aussi dévoués que moi : tout ce qu'il
craint, c'est de verser le sang de ses mêmes amis, de ses peuples, qui, sujets de vos pères, nés sous les mêmes lois,
sont ses enfans comme les tiens. Consulte, comme lui, ton
cœur; il doit être bon, magnanime, sensible, au moins, à
la pitié. Il ne s'agit pas de régler entre nous tes droits et les
siens; de pareils débats n'ont jamais été vidés que par les
armes : il s'agit de savoir lequel des deux perd le plus à céder;
il y va pour lui d'un empire, pour toi d'une province inu-
tile à ta gloire, à ta puissance, à ta grandeur; il défend
avec sa cause l'honneur de son père et le sien. A ses intérêts qu'opposes-tu? l'orgueil de ne point souffrir de partage.
Vois si cela mérite d'allumer entre vous les feux d'une guerre
affreuse qui vous déshonorerait tous deux.

HUASCARD.

Je veux bien accéder, autant que je le puis sans honte, à la
paix que tu me proposes : qu'Ataliba garde son apanage, qu'il
règne à Quito, j'y consens; mais tributaire de l'empire, il
est obligé de rendre hommage à l'aîné des enfans du soleil.

ALONZO.

Si Huascard a oublié la volonté de son père, Ataliba
s'en souvient; il desire d'être l'allié de son frère, mais il
ne sera jamais au nombre de ses vassaux... n'en parlons plus...
Ynca, explique-moi par quel privilége ton père, dans son
tombeau, est le seul, entre tous les yncas, ses prédécesseurs,
(dit-on) qui regarde en face le soleil.

HUASCARD.

C'est comme son enfant chéri qu'il a seul cette gloire.

### ALONZO.

Son enfant chéri! N'est-ce pas la complaisance et le mensonge qui l'ont décoré de ce titre!

### HUASCARD.

Tout son peuple le lui a donné, et son peuple n'est pas flatteur.

### ALONZO

Crois-moi, fais cesser une injuste distinction; tu sais bien qu'il n'en était pas digne.

### HUASCARD.

Etranger! respecte ma présence et sa mémoire.

### ALONZO.

Comment veux-tu que je respecte un roi que son fils va demain déclarer insensé, parjure et sacrilège? N'a-t-il pas couronné ton frère? n'a-t-il pas violé les lois, celui dont les derniers soupirs ont allumé les feux d'une guerre civile entre les enfans du soleil? a-t-il mérité d'avoir place dans le temple de ce dieu, et de le regarder en face? Ou tu es injuste, ou il le fut; la guerre est ton crime ou le sien : choisis.

### HUASCARD.

Tu m'éclaires : oui, tous mes ressentimens sont éteints; j'étais injuste et parjure, et c'est en embrassant mon frère que je veux me rendre digne de ton amitié. Oui, je te le jure, ses intérêts à l'avenir seront les miens, nos deux états seront réunis : mais promets-moi de m'aimer autant que lui, car l'amitié d'un brave homme tel que toi sera désormais le plus bel ornement et le soutien de nos deux empires. ( *Se levant.* ) Mes amis, mes frères, mes enfans! que les préparatifs de la guerre civile soient regardés comme l'intention d'un crime innocent. Rendons graces à notre dieu de n'avoir pas laissé achever cette infame entreprise : suivez votre roi qui ne veut plus vivre que pour vous rendre heureux, adorer un frère, et chérir ce digne ami.

*(Musique.) (La marche défile. Huascard sort accompagné d'Alonzo et de toute sa suite. Le théâtre change et représente l'extérieur des jardins du palais de Quito.)*

---

## SCENE II.
## LE GRAND PRÊTRE, ATALIBA.

### LE GRAND PRÊTRE.

Ynca, le peuple crie vengeance et demande justice : Cora, cette jeune prêtresse, a souillé le temple qu'elle habite ; hier, pendant cet ouragan affreux, la perfide s'est échappée ; elle n'est rentrée qu'à l'aube du jour, et c'est un homme qui l'a conduite. La loi est terrible, je le sais ; mais il faut un exemple, de pareils forfaits ne sauraient se pardonner.

### ATALIBA.

Oui, je sens ainsi que vous qu'il faut un exemple ; mais qu'il est cruel de le donner ! Le plus triste devoir d'un roi est de punir.

### LE GRAND PRÊTRE.

Les témoins sont entourés par le peuple ; on n'entend qu'un bruit : que l'asile des vierges a été profané, qu'une d'elles a violé ses vœux par un amour sacrilège, et que le soleil, irrité de ce parjure abominable, en demande l'expiation. Ce crime affreux remplit d'horreur tous les esprits ; on craint même qu'un dieu jaloux se venge sur tout un peuple de l'affront fait à sa gloire.

### ATALIBA.

Ne précipitons rien, il faut écouter ceux qui déposeront contre la parjure ; et s'il est possible d'adoucir son châtiment, croyez, ministre d'un dieu qui annonce la bienfaisance, croyez qu'il est beau de l'imiter.

LE GRAND PRÊTRE.

Vos ordres, ynca, seront exécutés : votre ame se montre partout et grande et magnanime.

ATALIBA.

Je ne suis qu'un homme : le sort m'a fait chef de cet empire, je dois régner par la clémence ; je connais les devoirs et le prix d'un honneur si grand, et si j'en abusais, je m'en rendrais indigne.

---

# SCENE III.
### LES PRÉCÉDENS, ALONZO.

ALONZO.

Ynca, vos vœux sont exaucés : votre frère, attendri jusqu'aux larmes, approche de ces lieux, et vient tomber dans vos bras pour y signer une paix immortelle, et rendre grace aux dieux qui n'ont pas voulu permettre qu'il trempât ses mains dans un sang aussi vertueux que le vôtre.

ATALIBA.

Ah ! mon ami, je te dois tout.

ALONZO.

L'ame de votre frère est aussi sensible que la vôtre ; son oreille m'écoutait, et son cœur a tout approuvé.

ATALIBA.

Homme vertueux ! qu'ai-je donc fait pour mériter de toi un zèle si noble et si tendre ?

ALONZO.

J'ai fait ton bonheur ; tu es heureux, c'est mon ouvrage ; c'est moi qui te dois de la reconnaissance.

( Musique. ) ( Arrivée d'Huascard. )

## SCENE IV.

### LES PRÉCÉDENS, HUASCARD.

#### HUASCARD, *montrant Alonzo.*

C'est un frère égaré, à qui ce noble ami a dessillé les yeux, qui vient te supplier de lui accorder son alliance ; et je jure, si tu y consens, une inviolable amitié.

#### ATALIBA.

Puisse le soleil notre père approuver cette union, et ne nous séparer jamais !

#### HUASCARD.

Étouffons tout ressentiment ; garde ton empire et pardonne le chagrin que j'ai pu te causer.

#### ALATIBA.

Je suis dans tes bras, puis-je encore y songer ?

#### HUASCARD, *au peuple.*

Amis, vous qui ne faites qu'une simple et même famille jurez-vous, ainsi que nous, l'amitié la plus forte que la paix règne parmi vous ? prenez une juste horreur contre toute guerre civile ; que vos lances soient baissées, vos arcs détendus ; que la flèche de la mort repose dans le carquois : vouloir la paix intestine, c'est veiller en paix sur des enfans nombreux qui sont les membres de l'état.

(Musique) ( *Tous sortent, excepté le père de Cora qui retient Alonzo.* )

## SCENE V.

### ALONZO, LE PÈRE DE CORA.

*( Musique. )*

#### LE PÈRE DE CORA.

Je suis le père de Cora ; ma fille m'envoie vers toi : c'es

sa dernière volonté que j'accomplis. Fuis , malheureux jeune homme ! et laisse-nous les maux que tu nous a faits. Tu as porté la mort dans ma famille innocente, qui sans toi le serait encore.

ALONZO.

Parle: qu'ai-je fait , et de quel malheur suis-je la cause ?

LE PÈRE DE CORA.

Cruel ! peux-tu le demander ! vouloir l'entendre de la bouche d'un père. Tu nous annonçais des vertus ; la bonté , la candeur étaient peintes sur ton front , mais la trahison se cachait au fond de ton cœur. Sois content ma fille ; trop faible , trop simple, hélas ! pour avoir pu se sauver de tes artifices, après avoir été aperçue avec toi en rentrant au temple, vient de tout révéler , et dans une heure notre honte éclate : elle , sa mère , moi, ses sœurs , ses frères innocens , nous serons tous menés au supplice ; telles sont nos lois. Voilà ton ouvrage. Mais on n'a pu te reconnaître ; éloigne-toi , ma fille t'en conjure ; la malheureuse t'aime encore , et en , me confiant le secret de son ame , elle m'a fait promettre de ne point te trahir : mais elle craint que la douleur ne te décèle et ne t'accuse ; et le seul prix qu'elle demande à sa mort, dont tu es la cause , c'est que tu n'en sois pas témoin.

ALONZO.

Ah ! mon père ! tu sais mon crime, tu sais quelle fatalité m'y a poussé malgré moi ; sais-tu dans quel moment terrible la frayeur et l'égarement m'ont livré ta fille mourante ? J'atteste mon dieu et le tien que dans ce péril effroyable ma seule résolution fut de la sauver. Hélas ! je l'ai perdue, et t'ai perdu toi-même. Voilà mon sein , prends ce poignard , venge toi.

LE PÈRE DE CORA.

Me venger ! moi ! et ne sais-tu pas que la vengeance est

4

insensée, qu'au malheur est joint le crime, et ne soulage que
les méchans?... Ton sang ne racheterait ni la mère, ni la fille,
ni les enfans ; je n'en mourrais pas moins, et je mourrais
coupable : laisse-moi du moins l'innocence, tout le reste est
perdu pour moi. Tu fus égaré, je le crois ; tu n'es ni méchant
ni perfide ; mais tu le serais, nous avons dans le ciel un dieu
pour venger et punir.

### ALONZO.

Respectable vieillard, commence par t'éloigner avec ta
femme et tes enfans.

### LE PÈRE DE CORA.

Connais-tu quelque asile contre les lois et contre le remords
qui suivrait le parjure ? J'ai promis au soleil de rester soumis
à ses lois ; ma parole, ma foi sont pour moi des liens indissolubles ; un ynca n'en connait pas d'autres, et je mourrai
sans les briser. Toi, qui n'es point engagé sous ces lois redoutables, éloigne-toi, donne à ma malheureuse fille la
consolation de te savoir hors de danger ; épargne-lui l'horreur
de ton supplice : tu me vois à tes pieds, ne sois pas insensible
à ma prière.

### ALONZO.

Tu m'accables, tu me confonds, et l'opprobre, la mort
et le dernier supplice seraient le prix de tes vertus ! et ta
fille, aussi vertueuse, non moins innocente que toi... Non, vous
ne mourrez point ! Tu ne me méprises pas assez pour croire que
j' veuille fuir lâchement ; je paraîtrai, j'avouerai tout, j'em-
brasserai votre défense ; je vous tirerai de l'abyme où je vous
ai précipités, ou je périrai moi-même.

---

## SCENE V.

*( Le théâtre change, et représente le lieu du supplice. Cora*
*arrive au milieu des guerriers : on lui ôte ses marques*

*distinctives de prêtresse du soleil ; toute sa famille l'en-*
*vironne et gémit du sort qui lui est réservé. Cora montre*
*son courage, et, au milieu des tourmens qui vont l'acca-*
*bler, elle semble chercher son amant et son défenseur,*
*pour qui seul elle regrette le jour. )*

# SCENE VI.

### ATALIBA *se leve, et dit :*

Fille imprudente et infortunée, tu sais quelles sont nos lois ?
Quel malheur a pu te conduire au tombeau ?

### CORA.

Ce fut dans cette nuit horrible où, le volcan menaçant de
nous ensevelir sous nos murs, ma frayeur me précipita dans les
bras d'un libérateur. Voilà mon malheur et mon crime : fils
du soleil, s'il est possible d'en adoucir la peine, écoute la
nature qui réclame contre la loi ; ce n'est pas pour moi que
j'implorerai ta clémence, il faut que je meure, je le sais ;
mais regarde un père, une mère, des sœurs, des frères innocens ! c'est pour eux seuls qu'en mourant je demande grace.

### LE PÈRE DE CORA.

C'est à moi d'accuser l'auteur de sa perte, et le coupable
c'est moi, c'est son père. Une piété aveugle a dévoué ma fille
au culte des autels ; elle s'y est offerte en victime : mon
cœur n'a pas voulu entendre gémir le sien ; son crime est le
mien. Son respect et son obéissance pour moi l'ont perdue ;
c'est moi qui la traîne au supplice.

### ATALIBA.

Vos larmes m'attendrissent, mais la loi vous condamne.
Cora, quel est le ravisseur ?

### CORA.

Ynca, seras-tu plus cruel et plus violent que la loi ? Elle me
condamne à la mort ; j'y traîne avec moi ma malheureuse fa-

mille : n'est-ce pas assez ? te faut-il encore une nouvelle victime ? Cesse de m'interroger, tu ne sauras jamais.

A L O N Z O , paraissant.

C'est moi qui suis le criminel, ynca. Cora est innocente ; ne punis que le ravisseur.

C O R A .

Hélas ! en succombant je n'aurai donc pu le sauver !

A L O N Z O .

Non, elle n'est point coupable : je l'enlevai mourante, et son ame éperdue ne pu ni consentir, ni résister à son malheur.

A T A L I B A .

Étranger, notre culte n'est point le vôtre ; vous ne connaissez pas nos lois, et ce qui pour vous est un crime, n'est pour nous qu'une erreur que je n'ai pas droit de punir. Éloignez-vous, nos lois n'obligent que nos sujets et moi ; vous fûtes imprudent, mais vous n'êtes point criminel. Cora seule a le droit de vous accuser.

C O R A .

Noñ : un charme aussi doux qu'invincible m'a entraînée vers lui : cesse, Alonzo, de t'imputer mon crime ; tu me fais mourir mille fois.

A T A L I B A .

Loin de vous accuser, vous voyez quelle vous déclare innocent.

A L O N Z O .

Innocent ! Puis-je l'être après lui avoir fait violer ses vœux ? après avoir creusé sa tombe où vous allez la faire descendre vivante ? elle s'ouvre à mes yeux prête à la dévorer, et je suis innocent ! Je vois s'allumer le bûcher où son père, sa mère, tous les siens vont descendre, et moi l'auteur de tant de maux, juste ciel ! je suis innocent ! Ynca, ton amitié pour moi t'a mis un bandeau sur les yeux, et tu ne veux pas voir mon crime :

plus juste que toi, je le sens, et je m'en accuse moi-même. Pardon, malheureuse victime d'un amour insensé; pardon : je n'aurai pas du moins la honte et la douleur de vous survivre, et si l'on vous mène à la mort, je vous y suivrai; j'irai sur ce bûcher me livrer le premier aux flammes! là, ce fer qui devait défendre un peuple vertueux, un ynca, que je ne suis plus digne d'appeler mon ami.... ce fer terminera mes jours en me perçant le cœur. Je ne demande avant ma mort que la grace d'être entendu?

HUASCARD.

Parle, et sois rassuré. Mon frère, ainsi que moi, connaissons ta vertu ; nous te devons trop pour te voir un sort indigne de toi : avec autant de grandeur, tu ne peux être criminel.

ALONZO.

Je ne suis ingrat ni perfide : reçu à la cour de l'ynca, honoré de sa confiance, comblé de ses biens, je n'ai jamais eu le dessein de trahir l'hospitalité. Je suis jeune, ardent, trop sensible; j'ai vu Cora, mon cœur s'est enflammé pour elle, mais j'ai respecté son asile. Ce n'est qu'au moment effroyable où le ciel embrâsé, la terre tremblante n'offraient partout que les horreurs de mille morts inévitables; ce n'est qu'en ce moment qu'à travers les débris du mur de l'enceinte sacrée, j'ai cherché, j'ai sauvé Cora... Elle vous dit qu'elle a cédé ! eh ! qui n'eût pas cédé comme elle ! Vous exigez de la jeunesse la froideur d'un âge avancé ; vous exigez de la faiblesse le triomphe le plus pénible de la force et de la vertu... Ah ! c'est la superstition qui vous commande au nom d'un dieu d'être cruel; vous oubliez donc que ce dieu que vous adorez est à vos yeux la bonté même? Quoi ! ce soleil divin par qui tout régénère ferait un crime de l'amour ! Non, peuple, j'en atteste votre dieu, ces horreurs ne peuvent lui plaire, et la loi qui vous les commande ne saurait être emanée de lui ; elle vous vient de quelque roi jaloux, qui attribuait à son dieu un cœur aussi cruel que le sien.

ATALIBA, *au peuple.*

Non, peuple, il faut que je l'avoue, cette loi cruelle ne vient pas du sage Manco ; ses successeurs l'ont faite ; ils ont cru plaire au dieu dont ils vengeaient l'injure ; ils se sont trompés : l'erreur cesse, la vérité reprend ses droits ; rendons graces à l'étranger qui nous détrompe, nous éclaire, et nous fait révoquer une loi inhumaine. C'est un bienfait trop signalé pour ne pas effacer une malheureuse imprudence..... Nous voulons désormais que les prêtresses du soleil n'aient plus d'autre lien qu'un zèle pur et libre, et que celle qui désavoue la témérité de ses vœux en soit à l'instant dégagée. Un dieu juste ne peut vouloir qu'on le serve à regret, et les autels ne sont pas faits pour être environnés d'esclaves.

ALONZO, *avec enthousiasme.*

Respire, ma chère Cora ; tu es à moi : la loi fatale est abolie, et l'amour n'est plus un crime pour nous. Tombons tous aux pieds de ce généreux ynca.

( Musique. )

ATALIBA.

C'est moi, mes amis, qui vous dois de la reconnaissance. ( *A Alonzo.* ) Tu m'as éclairé, tu m'as rendu un frère tendre, vertueux, et tu es à mes pieds ! C'est moi qui devrais tomber aux tiens... Soyez heureux, et que votre union soit aussi pure que l'astre bienfaisant qui nous donne la lumière.

( Musique. )

*Ballet général qui termine la pièce.*